Libro de actividades de la
porción semanal de la Torá

Porción semanal de la Torá: Libro de actividades

Todos los derechos reservados. Al comprar este Libro de actividades, el comprador puede copiar las hojas de actividades solo para uso personal y en el aula, pero no para reventa comercial. Con la excepción de lo anterior, este Libro de actividades no puede reproducirse total o parcialmente de ninguna manera sin el permiso por escrito del editor.

Bible Pathway Adventures® es una marca registrada de BPA Publishing Ltd.
Defenders of the Faith® es una marca registrada de BPA Publishing Ltd.

ISBN: 978-1-98-858570-3

Autora: Pip Reid
Director Creativo: Curtis Reid
Traductor: Lisa Velazquez

Para obtener recursos bíblicos gratuitos y Paquetes para Maestros, incluyendo páginas para colorear, hojas de trabajo, exámenes y más, visite nuestro sitio web en:

www.biblepathwayadventures.com

◆◇ Introducción ◇◆

Disfrute enseñando a sus hijos sobre la Torá con nuestro *Libro de Actividades de la Porción Semanal de la Torá*. Contiene 54 hojas de trabajo para imprimir, así como una página de actividades de Notas de la Parashá para que los estudiantes puedan escribir lo que han aprendido. Es el recurso perfecto para educadores en el hogar, maestros de clases en Shabat y de escuela dominical, y padres.

Estas hojas de trabajo de la porción semanal de la Torá incluyen referencias de las Escrituras para una mayor lectura de la Torá y una clave de respuestas en la parte posterior para maestros y padres. Se necesita muy poca preparación del profesor: ¡simplemente imprima las hojas de actividades que necesita y listo!

Bible Pathway Adventures ayuda a los maestros y padres a enseñar a los niños una fe bíblica de una manera divertida y creativa. Lo hacemos a través de nuestros libros de cuentos ilustrados, paquetes de maestros, actividades imprimibles, todo disponible en nuestro sitio web www.biblepathwayadventures.com

¡La búsqueda de la Verdad es más divertida que la Tradición!

◇◆ Tabla de contenido ◆◇

Introducción 3

Bereshit 6
Noaj 7
Lej-Leja 8
Vayeira 9
Jayei Sarah 10
Toledot 11
Vayetze 12
Vayishlaj 13
Vayeshev 14
Miketz 15
Vayigash 16
Vayeji 17
Shemot 18
Va'eira 19
Bo 20
Beshalaj 21
Yitro 22
Mishpatim 23
Terumah 24
Tetzaveh 25
Ki Tisa 26
Vayajel 27
Pekudei 28
Vayikra 29
Tzav 30
Shemini 31
Tazria 32
Metzora 33
Ajarei Mot 34
Kedoshim 35
Emor 36

Behar	37
Bejukotai	38
B'midbar	39
Nasso	40
Beha'alotja	41
Shelaj Leja	42
Koraj	43
Jukat	44
Balac	45
Pinjas	46
Matot	47
Masei	48
D'varim	49
Va'etjanan	50
Eikev	51
Re'eh	52
Shoftim	53
Ki Teitzei	54
Ki Tavo	55
Nitzavim	56
Vayelej	57
Ha'azinu	58
V'Zot HaBerajah	59
Mis Notas de la Parashá	60
Guía de Respuestas	61
Descubre más Libros de Actividades	65

Bereshit

Lee Génesis 1:1-6:8. Escribe un resumen de esta Porción de la Torá.

....

....

....

1. ¿En qué día creó Yah al hombre?
....
....

2. ¿Quién nombró a todos los animales?
....
....

3. ¿Cuántos años tenía Adán cuando murió?
....
....

Dibuja tu escena favorita de esta Porción de la Torá.

Yah usó a Adán y Eva para...	Esta Porción de la Torá me enseña...
....	....
....	....

Noaj

Lee Génesis 6:9-11:32. Escribe un resumen de esta Porción de la Torá.

....

....

....

1. ¿Cuántos pares de cada animal 'limpio' había en el arca?

....

....

2. ¿Cuál fue la señal de pacto entre Yah y Noé?

....

....

3. ¿Qué tan alto querían las personas construir la torre de Babel?

....

....

Dibuja tu escena favorita de esta Porción de la Torá.

Yah usó a Noé para...	Esta Porción de la Torá me enseña...

Lej-Leja

Lee Génesis 12:1-17:27. Escribe un resumen de esta Porción de la Torá.

....

....

....

1. ¿Por qué Yah envió plagas a la casa del Faraón?

....

....

2. ¿Qué hizo Abraham después de que Lot fuera hecho prisionero?

....

....

3. ¿Qué prometió Yah a Abraham y Sara?

....

....

Dibuja tu escena favorita de esta Porción de la Torá.

Yah usó a Abraham para...	Esta Porción de la Torá me enseña...

Vayeira

Lee Génesis 18:1-22:24. Escribe un resumen de esta Porción de la Torá.

....

....

....

1. ¿Quién era la esposa de Abraham?

....

....

2. ¿Qué llovió sobre Sodoma y Gomorra?

....

....

3. ¿Por qué Abraham llevó a su hijo a la tierra de Moriah?

....

....

Dibuja tu escena favorita de esta Porción de la Torá.

¿Qué podría aprender de la vida de Abraham?

....

....

Esta Porción de la Torá me enseña...

....

....

Jayei Sarah

Lee Génesis 23:1-25:18. Escribe un resumen de esta Porción de la Torá.

....

....

....

1. ¿Dónde enterró Abraham a Sara?
....
....

2. ¿Qué regalos le dio el siervo a Rebeca?
....
....

3. ¿Con quién se casó Rebeca cuando llegó a Néguev?
....
....

Dibuja tu escena favorita de esta Porción de la Torá.

Yah usó el siervo para...

Esta Porción de la Torá me enseña...

Toledot

Lee Génesis 25:19-28:9. Escribe un resumen de esta Porción de la Torá.

....

....

....

1. ¿Quiénes eran los hijos gemelos de Isaac y Rebeca?

....

....

2. ¿Por qué los filisteos envidiaban a Isaac?

....

....

3. ¿Por qué Jacob huyó a Padan-Aram y vivió con Labán?

....

....

Dibuja tu escena favorita de esta Porción de la Torá.

Yah usó a Isaac para...

Esta Porción de la Torá me enseña...

Vayetze

Lee Génesis 28:10-32:3. Escribe un resumen de esta Porción de la Torá.

....

....

....

1. ¿Quién estaba en la escalera en el sueño de Jacob?
....
....

2. ¿Cuántos años trabajó Jacob para Raquel?
....
....

3. ¿Dónde escondió Raquel los dioses de la casa de su padre?
....
....

Dibuja tu escena favorita de esta Porción de la Torá.

Yah usó a Jacob para...	Esta Porción de la Torá me enseña...
....	....
....	....

www.biblepathwayadventures.com
Porción semanal de la Torá: Libro de actividades

Vayishlaj

Lee Génesis 32:4-36:43. Escribe un resumen de esta Porción de la Torá.

....

....

....

1. ¿Cuántos hombres trajo Esaú con él para ver a Jacob?

....

....

2. ¿Por qué Yah cambió el nombre de Jacob a Israel?

....

....

3. ¿Por qué Esaú mudó a su familia a la región montañosa de Seir?

....

....

Dibuja tu escena favorita de esta Porción de la Torá.

Haz una lista de los regalos que Jacob preparó para Esaú.

Esta Porción de la Torá me enseña...

....

....

Vayeshev

Lee Génesis 37:1-40: 24. Escribe un resumen de esta Porción de la Torá.

....

....

....

1. ¿Quién fue el amo de José en Egipto?
....
....

2. ¿Los sueños de quién interpretó José en la prisión?
....
....

3. ¿Quién era el rey de Egipto?
....
....

Dibuja tu escena favorita de esta Porción de la Torá.

Yah usó al Faraón para...

....
....

Esta Porción de la Torá me enseña...

....
....

Miketz

Lee Génesis 41:1-44:17. Escribe un resumen de esta Porción de la Torá.

....

....

....

1. ¿Qué nueva labor le dio el Faraón a José?

....

....

2. ¿Por qué Jacob envió a sus hijos a Egipto?

....

....

3. ¿Qué le dijo José a su siervo que escondiera en el saco de Benjamín?

....

....

Dibuja tu escena favorita de esta Porción de la Torá.

Enumera tres países que bordean el Egipto moderno.

Esta Porción de la Torá me enseña…

Vayigash

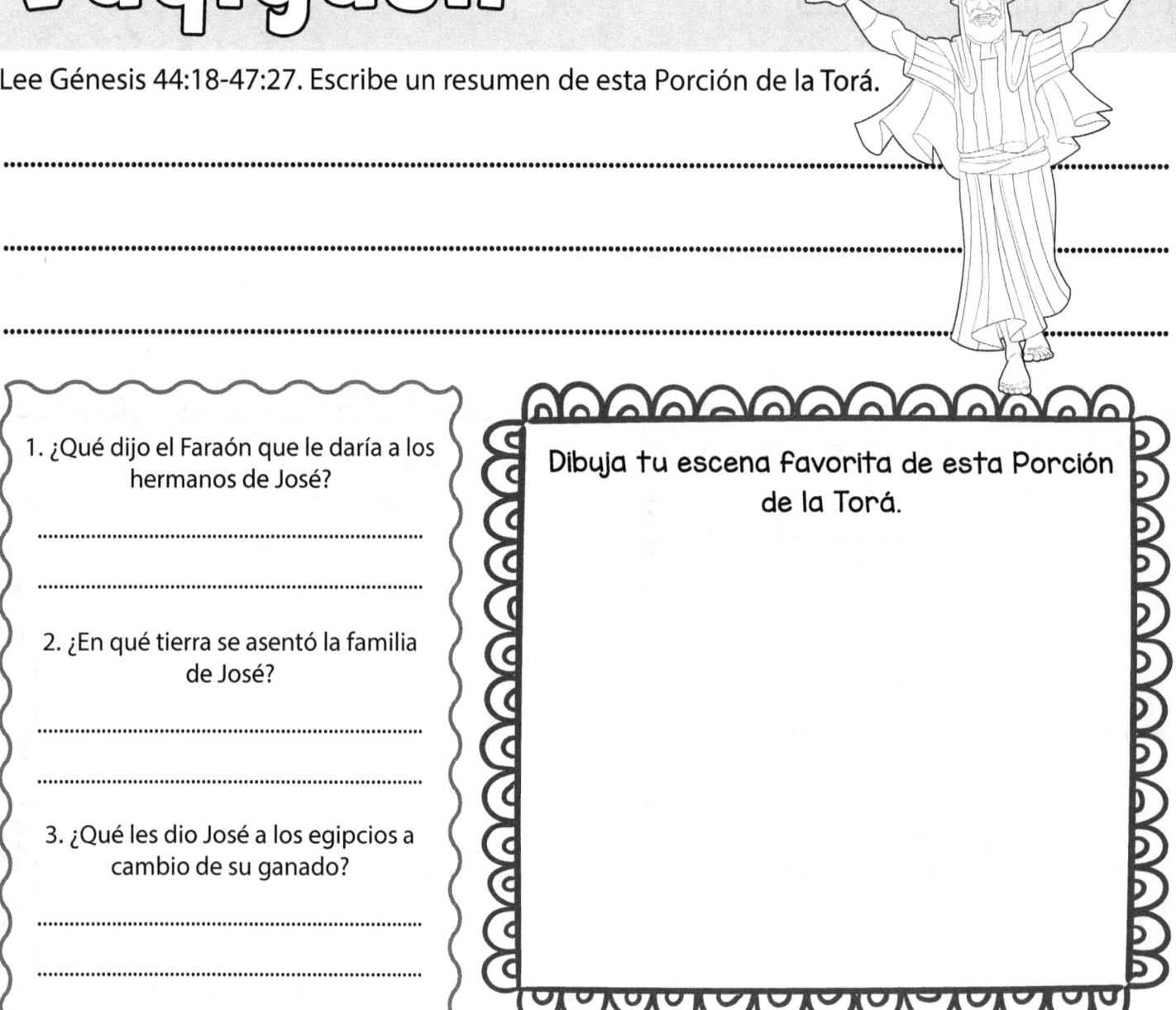

Lee Génesis 44:18-47:27. Escribe un resumen de esta Porción de la Torá.

....

....

....

1. ¿Qué dijo el Faraón que le daría a los hermanos de José?

....

....

2. ¿En qué tierra se asentó la familia de José?

....

....

3. ¿Qué les dio José a los egipcios a cambio de su ganado?

....

....

Dibuja tu escena favorita de esta Porción de la Torá.

Yah usó a José para……	Esta Porción de la Torá me enseña…

www.biblepathwayadventures.com
Porción semanal de la Torá: Libro de actividades

© BPA Publishing Ltd 2020

Vayeji

Lee Génesis 47:28-50:26. Escribe un resumen de esta Porción de la Torá.

....

....

....

1. ¿Quién fue el hijo primogénito de José?

....

....

2. ¿Qué tribu de Israel será como asnos fuertes?

....

....

3. ¿Cuántos días lloraron los egipcios a Jacob?

....

....

Dibuja tu escena favorita de esta Porción de la Torá.

Enumera las doce tribus de Israel.

....

....

Esta Porción de la Torá me enseña...

....

....

Shemot

Lee Éxodo 1:1-6:1. Escribe un resumen de esta Porción de la Torá.

....

....

....

1. ¿Qué instrucciones dio el Faraón a las parteras hebreas?

....

....

2. ¿A qué tierra huyó Moisés?

....

....

3. ¿Qué hizo el Faraón cuando Moisés pidió liberar a los hebreos?

....

....

Dibuja tu escena favorita de esta Porción de la Torá.

Yah usó a las parteras para...	Esta Porción de la Torá me enseña...
....	....
....	....

Va'eira

Lee Éxodo 6:2-9:35. Escribe un resumen de esta Porción de la Torá.

....

....

....

1. ¿Con quién estableció Yah Su Alianza?

....

....

2. ¿De quien era el ganado que murió en la quinta plaga?

....

....

3. ¿En qué parte de Egipto no cayó granizo?

....

....

Dibuja tu escena favorita de esta Porción de la Torá.

Yah usó las plagas para mostrar a los egipcios…

Esta Porción de la Torá me enseña…

Bo

Lee Éxodo 10:1-13:16. Escribe un resumen de esta Porción de la Torá.

....

....

....

1. ¿En qué mes hebreo es la Pésaj?

....

....

2. ¿Por cuánto tiempo Yah le pidió a los israelitas que honraran Pésaj?

....

....

3. ¿Cuál fue la décima plaga?

....

....

Dibuja tu escena favorita de esta Porción de la Torá.

Yah usó a los egipcios para...

....

....

Esta Porción de la Torá me enseña...

....

....

Beshalaj

Lee Éxodo 13:17-17:16. Escribe un resumen de esta Porción de la Torá.

....

....

....

1. ¿Los huesos de quién se llevaron los israelitas con ellos?

....

....

2. ¿Cómo Yah partió el Mar Rojo?

....

....

3. ¿Cómo Yah le dio agua a los israelitas en Rephidim?

....

....

Dibuja tu escena favorita de esta Porción de la Torá.

Yah usó a Joshua para...

....

....

Esta Porción de la Torá me enseña...

....

....

Yitro

Lee Éxodo 18:1-20:26. Escribe un resumen de esta Porción de la Torá

....

....

....

1. ¿Qué relación tenía Jetro con Moisés?
....
....

2. ¿A dónde fueron dados a los israelitas los Diez Mandamientos?
....
....

3. ¿Qué día es santo y apartado para Yah?
....
....

Dibuja tu escena favorita de esta Porción de la Torá.

Yah usó a Jetro para....	Esta Porción de la Torá me enseña...
....	....
....	....

Mishpatim

Lee Éxodo 21:1-24:18. Escribe un resumen de esta Porción de la Torá.

....

....

....

1. ¿Qué le debe pasar a la tierra cada séptimo año?

....

....

2. ¿Qué tipo de pan se come durante la fiesta de Panes Sin Levadura?

....

....

3. ¿En cuáles tres Fiestas deberían aparecer los varones delante de Yah?

....

....

Dibuja tu escena favorita de esta Porción de la Torá.

Yah nos pide que honremos el Shabat porque…

....

....

Esta Porción de la Torá me enseña…

....

....

Terumah

Lee Éxodo 25:1-27:19. Escribe un resumen de esta Porción de la Torá.

....

....

....

1. ¿Qué tipo de madera se usó para hacer el Arca?

....

....

2. ¿Qué dijo Yah que se colocara dentro del Arca?

....

....

3. ¿Qué metal se usó para hacer el propiciatorio?

....

....

Dibuja tu escena favorita de esta Porción de la Torá.

Obedecer los mandamientos de Yah me ayuda...

....

....

Esta Porción de la Torá me enseña...

....

....

Tetzaveh

Lee Éxodo 27:20-30:10. Escribe un resumen de esta Porción de la Torá.

....

....

....

1. ¿A qué tres hombres eligió Yah para servir como sacerdotes?
....
....

2. ¿Cuántas piedras había en el pectoral del Sumo Sacerdote?
....
....

3. ¿De qué color era la túnica del efod?
....
....

Dibuja tu escena favorita de esta Porción de la Torá.

Yah usó el Sumo Sacerdote para…

Esta Porción de la Torá me enseña…

Ki Tisa

Lee Éxodo 30:11-34:35. Escribe un resumen de esta Porción de la Torá.

....

....

....

1. ¿Qué animal hizo Aarón de oro?

....

....

2. ¿Cómo Moisés destruyó el becerro de oro?

....

....

3. ¿Cómo castigó Moisés a los israelitas por adorar al becerro?

....

....

Dibuja tu escena favorita de esta Porción de la Torá.

Yah usó Bezaleel y Oholiab para…	Esta Porción de la Torá me enseña…

Vayajel

Lee Éxodo 35:1-38:20. Escribe un resumen de esta Porción de la Torá.

....

....

....

1. ¿Qué tipo de artesanos fueron elegidos para hacer el Tabernáculo?

....

....

2. ¿Cuántas ramas hay en la menorá?

....

....

3. ¿Qué metal se utilizó para hacer las estacas de la tienda?

....

....

Dibuja tu escena favorita de esta Porción de la Torá.

Le doy generosamente a Yah por…

Esta Porción de la Torá me enseña…

Pekudei

Lee Éxodo 38:21-40:38. Escribe un resumen de esta Porción de la Torá.

....

....

....

1. ¿Cuánto oro se usó para construir el santuario?

....

....

2. ¿Dónde puso Moisés el altar del holocausto?

....

....

3. ¿Qué había en el Tabernáculo de día y de noche?

....

....

Dibuja tu escena favorita de esta Porción de la Torá.

¿Cómo describirías el personaje de Bezaleel?	Esta Porción de la Torá me enseña...
....	....
....	....

Vayikra

Lee Levítico 1:1-5:26 (6:7). Escribe un resumen de esta Porción de la Torá.

....

....

....

1. ¿A dónde traían los israelitas su ofrenda quemada?

....

....

2. ¿Qué tipo de aves fueron utilizadas como ofrendas quemadas?

....

....

3. ¿Qué animal era sacrificado como ofrenda por el pecado de un sacerdote?

....

....

Dibuja tu escena favorita de esta Porción de la Torá.

Los sacerdotes hicieron ofrendas a...	Esta Porción de la Torá me enseña...
....	....
....	....

Tzav

Lee Levítico 6:8-8:36. Escribe un resumen de esta Porción de la Torá.

....

....

....

1. ¿Quién puede comer la ofrenda por el pecado?

....

....

2. ¿Dónde observaron los israelitas a Moisés ungiendo a Aarón y sus hijos?

....

....

3. ¿Qué puso Moisés en el pectoral?

....

....

Dibuja tu escena favorita de esta Porción de la Torá.

Yah usó a los sacerdotes para...

Esta Porción de la Torá me enseña...

Shemini

Lee Levítico 9:1-11:47. Escribe un resumen de esta Porción de la Torá.

....

....

....

1. ¿Quiénes fueron los dos hijos de Aarón?

....

....

2. ¿Qué ofrecieron los hijos de Aarón ante Yah?

....

....

3. ¿Cómo murieron los hijos de Aarón?

....

....

Dibuja tu escena favorita de esta Porción de la Torá.

Es importante obedecer las instrucciones de Yah porque…	Esta Porción de la Torá me enseña…

Tazria

Lee Levítico 12:1-13:59. Escribe un resumen de esta Porción de la Torá.

....

....

....

1. ¿Quién examina a una persona con lepra?

....

....

2. ¿Qué ropa viste un hombre leproso?

....

....

3. ¿Dónde vive un hombre leproso mientras no está limpio?

....

....

Dibuja tu escena favorita de esta Porción de la Torá.

Un hombre leproso vive fuera del campamento así que…

....

....

Esta Porción de la Torá me enseña…

....

....

Metzora

Lee Levítico 14: 1-15:33. Escribe un resumen de esta Porción de la Torá.

....

....

....

1. ¿Qué hacia un hombre limpio antes de volver a entrar en el campamento?

....

....

2. ¿Dónde vivía este hombre durante siete días?

....

....

3. ¿Qué este hombre llevaba al sacerdote en el octavo día?

....

....

Dibuja tu escena favorita de esta Porción de la Torá.

Yah usó a los sacerdotes para…

Esta Porción de la Torá me enseña…

Ajarei Mot

Lee Levítico 16:1-18:30. Escribe un resumen de esta Porción de la Torá.

....

....

....

1. ¿Qué usaba Aarón cuando entraba en el Lugar Santo?

....

....

2. ¿Qué rociaba Aarón delante del propiciatorio?

....

....

3. ¿De quiénes eran los estatutos que Yah advirtió a los israelitas que no siguieran?

....

....

Dibuja tu escena favorita de esta Porción de la Torá.

Yah usó a Aarón para…

Esta Porción de la Torá me enseña…

Kedoshim

Lee Levítico 19:1-20:27. Escribe un resumen de esta Porción de la Torá.

....

....

....

1. ¿Qué no debemos hacer del metal fundido?

....

....

2. ¿Qué no debemos hacer a nuestros cuerpos?

....

....

3. ¿A quién debemos honrar en Levítico 19:32?

....

....

Dibuja tu escena favorita de esta Porción de la Torá.

Es importante honrar a las personas mayores porque…

....

....

Esta Porción de la Torá me enseña…

....

....

Emor

Lee Levítico 21:1-24:23. Escribe un resumen de esta Porción de la Torá.

....

....

....

1. ¿Qué festividad tiene lugar siete semanas después de los Primeros Frutos?

....

....

2. ¿En qué día es el día de las trompetas?

....

....

3. ¿Dónde habitan los israelitas durante la fiesta de Sukkot?

....

....

Dibuja tu escena favorita de esta Porción de la Torá.

Mantener las fiestas de Yah es importante porque…

Esta Porción de la Torá me enseña…

Behar

Lee Levítico 25:1-26:2. Escribe un resumen de esta Porción de la Torá.

....

....

....

1. ¿Cuál es el quincuagésimo año para los israelitas?

....

....

2. ¿Cómo debemos tratar a un hermano que se hace pobre?

....

....

3. ¿Quiénes no deben ser vendidos como esclavos?

....

....

Dibuja tu escena favorita de esta Porción de la Torá.

Si obedecemos las instrucciones de Yah, Él prometía...

....

....

Esta Porción de la Torá me enseña...

....

....

Bejukotai

Lee Levítico 26:3-27:34. Escribe un resumen de esta Porción de la Torá.

....

....

....

1. ¿Cuánto durará la vendimia?

....

....

2. ¿Dónde esparcirá Yah a su pueblo?

....

....

3. ¿Cuál es el valor de un hombre de 20 a 60 años?

....

....

Dibuja tu escena favorita de esta Porción de la Torá.

Si la gente obedecía las instrucciones de Yah, Él prometió...	Esta Porción de la Torá me enseña...

B'midbar

Lee Números 1:1-4:20. Escribe un resumen de esta Porción de la Torá.

....

....

....

1. ¿Qué instrucciones le dio Yah a Moisés?

....
....

2. ¿De quién era el trabajo de llevar el Arca de la Alianza?

....
....

3. ¿Quiénes eran los cuatro hijos de Aarón?

....
....

Dibuja tu escena favorita de esta Porción de la Torá.

Yah usó a los levitas para...

....
....

Esta Porción de la Torá me enseña...

....
....

Nasso

Lee Números 4:21-7:89. Escribe un resumen de esta Porción de la Torá.

....

....

....

1. ¿Por cuánto tiempo no puede un nazareo cortar su cabello?

....

....

2. ¿Qué ofrenda le trae un nazareo a Yah después de que haya terminado su voto?

....

....

3. ¿Dónde puede un nazareo afeitarse la cabeza?

....

....

Dibuja tu escena favorita de esta Porción de la Torá.

Lea Jueces 13:5. Yah usó a Sansón para...	Esta Porción de la Torá me enseña...
....	....
....	....

Beha'alotja

Lee Números 8:1-12:16. Escribe un resumen de esta Porción de la Torá.

....

....

....

1. ¿Cuántas lámparas daban luz delante de la menorá?

....

....

2. ¿Cuánto tiempo servía un levita en el Tabernáculo?

....

....

3. ¿Por qué envió Yah fuego entre las partes del campamento?

....

....

Dibuja tu escena favorita de esta Porción de la Torá.

Participo de la Pésaj porque...	Esta Porción de la Torá me enseña...
....	....
....	....

Shelaj Leja

Lee Números 13:1-15:41. Escribe un resumen de esta Porción de la Torá.

....

....

....

1. ¿Cuántos hombres fueron a espiar a Canaán?

....

....

2. ¿A quién vieron los espías en el Néguev?

....

....

3. ¿Cuánto tiempo se quedaron los espías en Canaán?

....

....

Dibuja tu escena favorita de esta Porción de la Torá.

Haz una lista de las personas en tu familia que usan tzitzits.

....

....

Esta Porción de la Torá me enseña...

....

....

Koraj

Lee Números 16:1-18:32. Escribe un resumen de esta Porción de la Torá.

....

....

....

1. ¿La autoridad de quién Korah y los hombres desafiaron?

....

....

2. ¿Qué pasó con los hombres de Korah y sus hogares?

....

....

3. ¿Qué mató a las 14,700 personas en el campamento?

....

....

Dibuja tu escena favorita de esta Porción de la Torá.

Yah castigó a Korah y sus hombres porque...

....

....

Esta Porción de la Torá me enseña...

....

....

Jukat

Lee Números 19:1-22:1. Escribe un resumen de esta Porción de la Torá.

....

....

....

1. ¿Dónde murió Miriam?
....
....

2. ¿Qué pasó cuando Moisés golpeó la roca dos veces?
....
....

3. ¿Por qué envió Yah serpientes furiosas entre los israelitas?
....
....

Dibuja tu escena favorita de esta Porción de la Torá.

Yah usó a Moisés para...

Esta Porción de la Torá me enseña...

Balac

Lee Números 22:2-25:9. Escribe un resumen de esta Porción de la Torá.

....

....

....

1. ¿Por qué Balak le pidió a Balaam que viniera a Moab?

....

....

2. ¿Qué animal le habló a Balaam?

....

....

3. ¿Cuántas veces bendijo Balaam a los israelitas?

....

....

Dibuja tu escena favorita de esta Porción de la Torá.

Yah usó Balaam para...

....

....

Esta Porción de la Torá me enseña...

....

....

Pinjas

Lee Números 25:10-30:1. Escribe un resumen de esta Porción de la Torá.

....

....

....

1. ¿Qué pacto hizo Yah con Finees?

....

....

2. ¿Por qué Yah no permitió que Moisés entrara en la Tierra Prometida?

....

....

3. ¿A quién ungió Yah como líder después de Moisés?

....

....

Dibuja tu escena favorita de esta Porción de la Torá.

¿En qué fiestas traemos ofrendas ante Yah?	Esta Porción de la Torá me enseña…

Matot

Lee Números 30:2-32:42. Escribe un resumen de esta Porción de la Torá.

....

....

....

1. ¿Quiénes fueron los cinco reyes de Madián?

....

....

2. ¿Quién dirigió la batalla contra los madianitas?

....

....

3. ¿Cuántos burros fueron tomados de los madianitas?

....

....

Dibuja tu escena favorita de esta Porción de la Torá.

Yah usó a Finees para...

....

....

Esta Porción de la Torá me enseña...

....

....

Masei

Lee Números 33:1-36:13. Escribe un resumen de esta Porción de la Torá.

....

....

....

1. ¿Quién sacó a los israelitas de Egipto?
....
....

2. ¿Qué encontraron los israelitas en Elim?
....
....

3. ¿Cuál es el castigo por el asesinato?
....
....

Dibuja tu escena favorita de esta Porción de la Torá.

Yah estableció ciudades de refugio porque…

Esta Porción de la Torá me enseña…

D'varim

Lee Deuteronomio 1:1-3:22. Escribe un resumen de esta Porción de la Torá.

....

....

....

1. ¿Por qué los israelitas tenían miedo de entrar en la Tierra Prometida?

....

....

2. ¿Cuántos años vivieron los israelitas en el desierto?

....

....

3. ¿Qué tan grande era la cama del rey Og?

....

....

Dibuja tu escena favorita de esta Porción de la Torá.

Un israelita es alguien que...

....

....

Esta Porción de la Torá me enseña...

....

....

Va'etjanan

Lee Deuteronomio 3:23-7:11. Escribe un resumen de esta Porción de la Torá.

....

....

....

1. ¿En qué escribió Yah los Diez Mandamientos?

....

....

2. ¿Por qué Yah dejó que los israelitas escucharan Su voz desde el cielo?

....

....

3. ¿Qué siete naciones derrotaron los israelitas?

....

....

Dibuja tu escena favorita de esta Porción de la Torá.

Yah usó a Moisés para enseñar el…

Esta Porción de la Torá me enseña…

Eikev

Lee Deuteronomio 7:12-11:25. Escribe un resumen de esta Porción de la Torá.

....

....

....

1. ¿Qué alimento dio Yah a los israelitas en el desierto?

....
....

2. ¿Qué hizo Moisés al becerro de oro?

....
....

3. ¿Qué pasará si los israelitas adoran a otros dioses?

....
....

Dibuja tu escena favorita de esta Porción de la Torá.

Los israelitas vivieron en el desierto durante cuarenta años, así que…

....
....

Esta Porción de la Torá me enseña…

....
....

www.biblepathwayadventures.com
Porción semanal de la Torá: Libro de actividades

© BPA Publishing Ltd 2020

Re'eh

Lee Deuteronomio 11:26-16:17. Escribe un resumen de esta Porción de la Torá.

....

....

....

1. ¿Qué puso Yah ante los israelitas?
....
....

2. ¿Qué no debes hervir en la leche de su madre?
....
....

3. ¿Cuánto dura la fiesta de Sukkot?
....
....

Dibuja tu escena favorita de esta Porción de la Torá.

Mantengo la fiesta de Sukkot por...	Esta Porción de la Torá me enseña...
....	....
....	....

Shoftim

Lee Deuteronomio 16:18-21:9. Escribe un resumen de esta Porción de la Torá.

....

....

....

1. ¿Qué no deberían aceptar los jueces?
....
....

2. ¿Qué cuatro cosas no debe adquirir un rey?
....
....

3. ¿Qué es una abominación a Yah?
....
....

Dibuja tu escena favorita de esta Porción de la Torá.

Debería evitar lo oculto porque…

....

....

Esta Porción de la Torá me enseña…

....

....

Ki Teitzei

Lee Deuteronomio 21:10-25:19. Escribe un resumen de esta Porción de la Torá.

....

....

....

1. ¿Qué pasará con un hijo rebelde?

....

....

2. ¿Cuánto tiempo puede pasar un hombre recién casado con su esposa en casa?

....

....

3. ¿En qué día se debe pagar a un trabajador contratado?

....

....

Dibuja tu escena favorita de esta Porción de la Torá.

Trato a las personas con respeto por…	Esta Porción de la Torá me enseña…

Ki Tavo

Lee Deuteronomio 26:1-29:8. Escribe un resumen de esta Porción de la Torá.

....

....

....

1. ¿Qué año es el año del diezmo?

....

....

2. ¿Qué sucederá si los israelitas obedecen los mandamientos de Yah?

....

....

3. ¿Dónde hizo Yah un pacto con los israelitas?

....

....

Dibuja tu escena favorita de esta Porción de la Torá.

Yah usó a Moisés para...	Esta Porción de la Torá me enseña...
....	....
....	....

Nitzavim

Lee Deuteronomio 29:9-30:20. Escribe un resumen de esta Porción de la Torá.

....

....

....

1. ¿Con quién hizo el convenio Yah?
....
....

2. ¿Qué ciudades derribó Yah?
....
....

3. ¿Qué pasará si servimos a otros dioses?
....
....

Dibuja tu escena favorita de esta Porción de la Torá.

Si obedecemos sus instrucciones, Yah promete…

....
....

Esta Porción de la Torá me enseña…

....
....

Vayelej

Lee Deuteronomio 31:1-30. Escribe un resumen de esta Porción de la Torá.

....

....

....

1. ¿Cuántos años tenía Moisés cuando habló a los israelitas?
....
....

2. ¿Qué se leía a los israelitas en Sukkot?
....
....

3. ¿Qué les dijo Moisés a los levitas que colocaran al lado del Arca?
....
....

Dibuja tu escena favorita de esta Porción de la Torá.

Yah usó a los levitas para…

Esta Porción de la Torá me enseña…

Ha'azinu

Lee Deuteronomio 32:1-52. Escribe un resumen de esta Porción de la Torá.

....

....

....

1. ¿Cómo hicieron los israelitas enojar a Yah?

....

....

2. ¿En qué monte murió Aarón?

....

....

3. ¿Qué ciudad se menciona en el versículo 49?

....

....

Dibuja tu escena favorita de esta Porción de la Torá.

Puedo agradar a Yah al...	Esta Porción de la Torá me enseña...
....	....
....	....

V'Zot HaBerajah

Lee Deuteronomio 33:1-34:12. Escribe un resumen de esta Porción de la Torá.

....

....

....

1. ¿Desde dónde brillaba Yah?
....
....

2. ¿Quién reposa como un león?
....
....

3. ¿Qué edad tenía Moisés cuando murió?
....
....

Dibuja tu escena favorita de esta Porción de la Torá.

Obedecer la Torá de Yah es importante porque...

Esta Porción de la Torá me enseña...

Mis Notas de la Parashá

Porción Semanal de la Torá: ....

Usa este espacio para hacer un dibujo de la Porción de la Torá:

Usa este espacio para escribir lo que Yah me mostró hoy:

Guía de Respuestas

Bereshit
1. Sexto día
2. Adán
3. 930 años de edad

Noaj
1. Siete
2. Un arcoíris
3. A los cielos

Lej-Leja
1. Porque Sara estaba viviendo en la casa del Faraón
2. Peleó para salvarlo
3. Un hijo llamado Isaac

Vayeira
1. Sarah
2. Fuego y azufre desde el cielo
3. Para ofrecer a Isaac como Holocausto

Jayei Sarah
1. En la cueva del campo de Macpela
2. Alhajas de plata y alhajas de oro, y vestidos
3. Isaac, hijo de Abraham

Toledot
1. Jacob y Esaú
2. Porque Isaac era muy rico, tenía muchos siervos, rebaños y manadas de animales
3. Jacob temía que Esaú lo matara

Vayetze
1. Ángeles de Yah
2. Siete años + siete años
3. En su silla de camello

Vayishlaj
1. Cuatrocientos hombres
2. Yah le dijo a Jacob: "has luchado con Dios y los hombres y prevaleciste"
3. Tenían demasiadas posesiones para vivir juntos. La tierra no pudo sostenerlos por todo su ganado

Vayeshev
1. Potifar
2. Del copero y del panadero
3. El Faraón

Miketz
1. Gobernador de Egipto (Génesis 42:6)
2. Comprar grano
3. Copa de Plata

Vayigash
1. La mejor tierra de Egipto
2. Tierra de Gosén
3. Comida

Vayeji
1. Manases
2. Isacar
3. Setenta días

Shemot
1. Mata a los bebés varones hebreos y deja que vivan las niñas hebreas
2. Tierra de Madián
3. Hizo que los hebreos recolectaran su propia paja para hacer ladrillos

Va'eira
1. Abraham, Isaac y Jacob
2. Era el ganado de los egipcios
3. La tierra de Gosén

Bo
1. Aviv
2. Por siempre
3. Muerte de los primogénitos

Beshalaj
1. Los huesos de José
2. Por un fuerte viento
3. Le dijo a Moisés que golpeara la roca con su bastón, y el agua brotó

Yitro
1. El suegro de Moisés
2. Monte Sinaí
3. El Shabat

Mishpatim
1. Dejarla reposar y no plantar cultivos
2. Pan sin levadura
3. Pan sin levadura (Matzá), Pentecostés (Shavuot) y Tabernáculos (Sukkot)

Terumah
1. Madera de acacia
2. El testimonio (tablas de piedra con los mandamientos inscritos en ellas)
3. Oro

Tetzaveh
1. Aarón, Nadab y Abihu
2. Doce piedras
3. Azul

Ki Tisa
1. Un becerro
2. Se derritió en el fuego y lo hizo polvo
3. Los obligó a beber el polvo de oro

Vayajel
1. Artesano hábil
2. Siete ramas
3. Bronce

Pekudei
1. Veintinueve talentos y 730 shekels
2. A la entrada del Tabernáculo
3. La nube de Yah estaba en el Tabernáculo durante el día y fogueaba durante la noche

Vayikra
1. A un sacerdote a la entrada del Tabernáculo
2. Tórtolas o palomas
3. Becerro

Tzav
1. El sacerdote que lo ofrece
2. A la entrada del Tabernáculo
3. El Urim y el Tumim

Shemini
1. Nadab y Abihu
2. Fuego no autorizado que no les había ordenado
3. Fueron consumidos por el fuego

Tazria
1. El sacerdote
2. Ropa rasgada
3. Fuera del campamento

Metzora
1. Lavar su ropa, rasurar todo su cabello y bañarse en agua
2. En el campamento pero fuera de su tienda
3. Dos corderos sin mancha, una oveja sin mancha y una ofrenda de grano

Ajarei Mot
1. Las prendas del sumo sacerdote (túnica de lino sagrado, ropa interior de lino, cinturón de lino y turbante de lino)
2. Sangre de becerro
3. Egipcios y cananeos

Kedoshim
1. Dioses falsos
2. Hacernos cortes en nuestro cuerpo por los muertos o tatuarnos.
3. Personas mayores

Emor
1. Shavuot (Pentecostés)
2. Primer día del séptimo mes
3. Sukkahs (refugios temporales)

Behar
1. Un jubileo
2. Apoyarlo como si fuera un peregrino y un extranjero, no cobrarle intereses ni se beneficiarse de él, ni prestarle dinero cobrando intereses ni le darle alimentos con fines de lucro
3. Los israelitas

Bejukotai
1. Hasta el momento de la siembra
2. Entre las naciones
3. Cincuenta siclos de plata

B'midbar
1. Haz un censo de toda la congregación de Israel
2. Los levitas
3. Nadab, Abihú, Eleazar e Itamar

Nasso
1. Todos los días de su voto de separación
2. Un cordero de un año, sin defecto, en holocausto; una cordera de un año, sin defecto, en expiación; y un carnero sin defecto como ofrenda de paz y una canasta de pan sin levadura
3. A la entrada del Tabernáculo

Beha'alotja
1. Siete lámparas
2. Veinticinco años
3. Porque los israelitas se quejaron

Shelaj Leja
1. Doce hombres - uno de cada tribu de Israel
2. Los descendientes de Anak (los Nefilim)
3. Cuarenta días

Koraj
1. Moisés y Aarón
2. La tierra se tragó a los hombres y sus hogares
3. Una plaga

Jukat
1. Cades
2. El agua brotó de la roca
3. Porque los israelitas siguieron quejándose

Balac
1. Maldecir a los israelitas
2. Un burro
3. Balaam bendijo a los israelitas tres veces

Pinjas
1. Pacto de paz
2. Porque Moisés no santificó a Yah en las aguas de Meribá
3. Josué

Matot
1. Evi, Rekem, Zur, Hur y Reva
2. Finees
3. 61,000 burros

Masei
1. Moisés y Aarón
2. Doce manantiales y setenta palmeras
3. Muerte

D'varim
1. Porque las ciudades y las personas eran más grandes que los israelitas, y los hijos de Anakim vivían allí
2. Cuarenta años
3. Nueve codos de largo y cuatro codos de ancho

Va'etjanan
1. Dos tablas de piedra
2. Para que pueda disciplinar a los israelitas
3. Al heteo, al gergeseo, al amorreo, al cananeo, al ferezeo, al heveo y al jebuseo

Eikev
1. Maná y codornices
2. Lo quemó con fuego, lo aplastó, lo trituró hasta que quedó como polvo fino y arrojó el polvo a la corriente
3. Los israelitas perecerán

Re'eh
1. Una bendición y una maldición
2. Un cabrito
3. Siete días

Shoftim
1. Sobornos
2. Muchos caballos, esposas, plata y oro excesivos
3. Brujería y adivinación (lo oculto)

Ki Teitzei
1. Él será apedreado hasta la muerte por los hombres de la ciudad
2. Un año
3. En el mismo día que ha trabajado, antes del atardecer

Ki Tavo
1. Tercer año
2. Ellos serán bendecidos y puestos por encima de las naciones
3. Horeb

Nitzavim
1. El pueblo de Israel
2. Sodoma y Gomorra, Admah y Zeboim
3. Perecerás y no vivirás mucho tiempo en la tierra

Vayelej
1. Moisés tenía 120 años
2. La Torá
3. Libro de la ley

Ha'azinu
1. Adorando a otros dioses
2. Nebo
3. Jericó

V'Zot HaBerajah
1. Monte Parán
2. Gad
3. Moisés tenía 120 años

¡Descubre más Libros de Actividades!

Disponibles para comprar en www.biblepathwayadventures.com

¡DESCARGA INSTANTÁNEA!

Libro de actividades de la porción semanal de la Torá
Libro de actividades Limpios e Inmundos
Aprendiendo Hebro: El Alfabeto Libro de Actividades
Bereshit | Génesis - Libro de Actividades con Porciones de la Torá
Shemot | Éxodo - Libro de Actividades con Porciones de la Torá
Vayikra | Levítico - Libro de Actividades con Porciones de la Torá
B'midbar | Números - Libro de Actividades con Porciones de la Torá
D'varim | Deuteronomio - Libro de Actividades con Porciones de la Torá

www.ingramcontent.com/pod-product-compliance
Lightning Source LLC
Chambersburg PA
CBHW081158070526
44583CB00021B/2901